轉世為貓咪後，
生活剛剛好就美好 3

不迎合世界，不否定自己，
原來的我，就是最好的我

ชัยพัฒน์ ทองคำบรรจง
Chaiyapat Tongkambunjong
紫雅帕・通甘班宗　著

พนัชกร อยู่สะบาย
Panatchakon Yusabai
帕納查功・尤薩拜　繪

Pailin Peilin　譯

前言

我們似乎常常搞不懂「**做自己**」這件事。

為什麼我們總是想模仿別人？
看到別人做某件事後看起來很幸福，
就覺得自己也要趕快跟上嗎？
社會告訴你怎麼做才叫幸福，
我們就必須不假思索地照做嗎？

一隻快樂做自己的貓咪，
可不會一味模仿別人呢。
為什麼人類那麼喜歡模仿他人，還說這就是「做自己」？
來吧，讓我們一起用貓的視角，找回那個幸福的自己。

目錄

Chapter 1　做最好的自己

- 14　未圓的月
- 18　失去後才懂得珍惜
- 22　簡簡單單
- 26　不知道
- 30　應該知道的事
- 34　咖啡的味道
- 38　看不見的幸福
- 44　無需等待的安心

Chapter 2　試著認識自己

- 50　成為簡單的人
- 54　事情已經發生了
- 58　小草
- 62　雙手鼓掌
- 66　説出什麼，就會感覺什麼
- 72　量尺
- 76　思維和草原
- 80　追逐自己的影子

Chapter 3　　了解自己

- *86* 臉上的皺紋
- *90* 欣賞自己擁有的
- *94* 水缸
- *98* 不正常成了正常
- *102* 鏡中倒影
- *108* 窗戶的玻璃
- *112* 涼爽

Chapter 4　　看見自己

- *120* 太陽教我的事
- *124* 工作的問題
- *128* 時間和感受
- *132* 那些特別的普通小事
- *136* 傳染病
- *142* 簡單的夢想
- *146* 理解他人

我曾經覺得,
自己是某個樣子。

但隨著時間的流逝,
我長大了,
反而變成了另一個模樣——
我從未想過的模樣。

當我開始再次相信:
「嗯,我就是這樣」的時候,
我卻又變成了另一個模樣。

所以,我到底是什麼樣的人呢?
為什麼自我總是一直在改變?

那是因為,我們的「自我」不斷地成長。
隨著年齡的增長,看待幸福的角度也會更寬、更廣。

自我的模樣,
也會隨著幸福的變化而改變。

「做自己」並不代表從小到大都要保持一模一樣。

拒絕改變並不是在做自己,
而是一種執著,緊抓著過去的自己不放,
最終可能會因為無法接受現實的變化而感到痛苦。

所謂的「做自己」，
不需要隨著社會的潮流起舞，
而要專注在自己的幸福上。

「做最好的自己」，
不需要模仿別人的幸福，
而是對原本的自己及擁有的事物而感到快樂。

有些人認為，
只要追隨社會的風向就會獲得快樂，
但實際上跟著做了，卻發現不見得能感到幸福。

貓咪是非常做自己的動物，
因為我們很享受做自己。

説真的，你們人類都説自己在「做自己」，
怎麼看起來一點都不快樂呢？
為什麼看起來並不像活出自我呢？

來吧，讓我們試試看，成為幸福的自己吧！

Chapter 1

做最好的自己

未圓的月

今晚睡前,
我坐在外面發呆,望著月亮,
思緒漫無目的地飄蕩。

雖然今晚的月亮不圓,
只是一輪半弦月,
但我還是覺得這樣的月亮很美呢。

當月亮感覺也不錯呢!
無論是滿月還是弦月,
無論是誰看著月亮,都會覺得,
月亮總是那麼珍貴、那麼美麗。

生活，其實就像月亮一樣，
月亮永遠是美麗的，
即使無法永遠是滿月。

我們的生活也是如此，
不需要事事圓滿，
即使不盡如人意，依然可以很美麗。

月亮即使不圓滿，也有它獨特的美麗；
生活即使不完美，同樣也有它的美好。

像我這樣的貓咪，雖然不完美，也不會因此感到不幸福。
因為——不完美，本身也很美呀。

「不圓滿的月亮,
也有它獨特的美。

**不完美的生活,
也依然很美麗。」**

失去後才懂得珍惜

這是養鴨的菇菇阿姨,

她非常善良,

她每天吃完飯後,

都會帶剩飯給我們這些流浪貓吃。

菇菇阿姨只有一個女兒,

在女兒還很小的時候,她的丈夫就去世了,

所以阿姨一直獨自撫養女兒長大。

阿姨努力工作,直到女兒畢業。

母女倆總是一起生活，
但是孩子畢業後必須去城市工作，
所以阿姨得開始一個人生活。

菇菇阿姨每天餵完我們貓咪後，
就會和她的鴨子一起沉思，
我想她一定是在想念她的孩子。

菇菇阿姨的孩子在職場上非常出色，
全心全意地工作，就像她的媽媽一樣。
她努力工作到沒有時間回來看菇菇阿姨。

日子一天天過去，
菇菇阿姨一直獨自生活，
只有我們這些貓咪陪在她身邊。

直到有一天，
菇菇阿姨的孩子終於回來看她了。
但這次回家，卻帶著滿面淚水。
因為菇菇阿姨離開人世了。

菇菇阿姨的女兒哭得撕心裂肺，
口中不斷說著對不起，為沒有時間陪伴媽媽而道歉，
但菇菇阿姨再也聽不見了。

像這樣的故事，我們幾乎每天都能看到，
但是人類呀，卻似乎總是學不會。

總要等到父母生病才趕回家，
如果父母身體還很健康硬朗，
就讓他們獨自生活……
真正重要的人，
不該在他們生病或離開以後，才變得重要。

「別等到他們生病了,才發覺他們很重要。
別口口聲聲說他們很重要,
卻連一點時間都不曾給過⋯⋯」

簡簡單單

吃完早餐沒多久,
我就跳上屋頂舒舒服服躺著。

我今天的早餐是烤魚,
我非常喜歡吃魚,
無論是烤、煎還是清蒸都喜歡,
魚一如往常美味。

對我們貓咪來說,

吃飯就是為了填飽肚子。

肚子餓的時候,什麼都好吃。

吃飽的時候,無論是多好吃的東西,都不想再吃了。

像我們貓咪這樣吃得簡單、吃什麼都滿足,

其實好處很多呢。

身為一隻貓,

我們的生活不會太困難。

我們吃得簡單、活得簡單、想得簡單,

也很簡單就能睡得好。

當你開始練習做一些簡單的事,

幸福也會變得很簡單。

那麼，為什麼人類總是把事情搞得更複雜呢？

食物越來越精緻，
只是好吃還不夠，還得拍出漂亮的照片。
生活方式也變得更加奢華，
只是舒適還不夠，還必須展現出「我過得很不錯」。

當我們讓生活變得複雜時，
做自己也變得更困難，
幸福自然也就變得困難了。

想成為最好的自己，
就得讓幸福變得簡單才行。

人類呀，不要什麼都搞得很複雜，想太多、做太多，
讓自己擁有了很多，最缺少的反而是幸福。

「不要把自己搞得太複雜,
不要讓自己什麼都有,
卻沒有幸福。

**真正幸福的自己,
其實是活得簡簡單單的自己呀。」**

不知道

大家都喜歡說,

在這個時代裡,資訊是最重要的。

知道得越多,就能過得越輕鬆。

這是種菜的小妮阿姨,

她不知道什麼是通貨膨脹率,

她不知道炒股的基礎知識,

她也不知道市場的運作機制。

阿姨只知道一些事：

她知道怎麼做才能讓蔬菜生長，

她知道怎麼不用農藥避免蟲蛀，

她知道如果菜賣不完，可以和別人分享。

小妮阿姨沒有在追新聞、接收新消息，

她什麼都不知道，除了……

她知道什麼是善良，

她知道什麼是幸福，

她知道什麼是「剛剛好」。

小妮阿姨知道的東西也許不多，

但她每天都能微笑，都能感到幸福。

身為一隻貓,
我們其實也不懂太多事情,
但我們知道自己需要什麼,
也知道什麼是真正的幸福。

如果什麼都知道,卻無法快樂,
又有什麼用呢?
如果什麼都知道,卻無法發自內心微笑,
又是為了什麼?

那你呢?你想知道什麼呢?
如果知道了這麼多,卻無法微笑,
那又為什麼要知道呢?

「如果知道一切,卻無法擁有幸福,
這有什麼好處呢?

其實,有些時候,只要簡簡單單專心快樂,
不必事事都明白,也沒關係喔～」

應該知道的事

現代人類流行一種趨勢——
人們越來越重視健康了。

吃的食物要天然有機，
攝取過多油脂不好，
攝取過多澱粉也不好。

人們對飲食越來越講究，
身體健康的確越來越改善。

不過，人類還有另一個趨勢——
就是「攝取大量資訊」。

連我們貓咪都注意到了，
人類攝取最多的東西，不是食物，而是資訊。

現代資訊傳播的速度也很驚人，
有多迅速呢？
快到記者都還來不及整理報導，
大家就已經知道發生什麼事了。

在這個高速網路時代，
人們只要動動手指就能夠輕鬆分享資訊，
每個人都成了小記者，
每分每秒都有數不清的資訊內容等著被接收。

新資訊、新消息不斷被上傳和發布,
人們無止境地沉迷於其中,
甚至開始搞不清楚自己的事情了。

我們知道今天哪些明星吃了什麼,
卻不知道自己的媽媽今天有沒有吃飽睡好。
我們知道今天哪個歌手生病不舒服,
卻不知道今天自己的爸爸有沒有頭痛、身體痠痛。
我們知道今天有哪些政治人物管了什麼事,
卻不知道今天自己參與了哪些事。

知道很多資訊不是壞事,
但是,那些能讓自己開心的事情,我們知道了嗎?

我們這些貓咪懂得不多,
但我們能輕鬆入眠、容易微笑。
我們不太懂別的事,
但至少我們懂自己的事。

「知道很多資訊是好事，
但那些跟自己有關、真正重要的事，
你知道了嗎？」

咖啡的味道

今天我有點昏昏沉沉的,
可能是因為昨晚我玩得太開心了,
只睡了一下下。

感到疲倦的時候,
如果貓咪喝咖啡不會有危險的話,
我還真想來一杯咖啡呢。

咖啡是很熱門的飲品，
我上輩子還是人類的時候，
也喜歡喝咖啡。

一杯好喝的咖啡，
味道必須濃郁香醇。

咖啡的味道很獨特，
同時包含多種風味，混合許多層次，
有苦、有酸、有甜、醇厚，甚至帶有鹹味，
正因如此，人們才會這麼喜愛咖啡。

說真的,
我覺得人生就像咖啡,
同樣擁有多種風味。

時而開心,時而難過,時而痛苦,時而幸福。
人生的滋味就是這樣混合而成,
整體品嘗起來,其實醇厚而恰到好處。

人們會喜歡喝咖啡,
是因為他們願意接受咖啡的每一種風味。

人們能夠感到幸福,
是因為他們願意接受生活中的每一個故事。

如果你也想活得幸福,
就去喝杯咖啡吧!喵〜

「人們享受咖啡,

是因為他們願意接受咖啡的每一種風味。

人們感到幸福,

是因為他們願意接受生活中的每一個故事。

就像咖啡一樣,人生的滋味,其實已經很香濃了。」

看不見的幸福

今天我有另一件人類的趣事要説給你聽,

説真的,這是不是很滑稽呢?
有些人明明身處幸福之中,
卻還是一直抱怨自己不快樂。

有一個上班族坐在柔軟的椅子上，

吹著舒適涼爽的冷氣，

他抱怨著堆在桌上的文件讓他壓力很大。

他覺得自己一點也不幸福。

有一個工人整天站著，不停走動，來回搬運水泥，

在烈日的曝曬下汗流浹背。

他抱怨著生活令人沮喪，

他想：「如果我能在冷氣房中工作該有多好啊。」

他覺得自己一點也不幸福。

有一個雙腿癱瘓的人，他無法行走，
只能整天坐在輪椅上。
他一邊抱怨一邊感到洩氣，
他想：「要是我能四處走動該有多好啊。」
他覺得自己一點也不幸福。

有一個病人長期臥病在床，動彈不得，
只能躺著為自己的命運流淚。
他只奢望至少能稍微移動一下身體。
他覺得自己一點也不幸福。

這是不是有點荒唐呢?
人們總是這樣看待幸福。

幸福明明近在眼前,
卻不願意去看見。
明明自己所擁有的,
對許多人而言,可能已經稱得上幸福了。

別等到失去了,才開始學會珍惜。

不如就從現在開始,
不要總是看著自己缺少的事物,
以及自己不喜歡的事物。

好好看看眼前唾手可得的幸福,
這樣不是比較好嗎?

清爽的天氣、
健康的身體、
美麗的風景……

認真看看你現在擁有的一切,
這就是別人夢寐以求的幸福呀。

「幸福,從來都近在眼前,
看看我們擁有的一切吧,
這正是別人渴望擁有的幸福。

如果只看到不好的一面,
那要怎麼感到幸福呢?」

無需等待的安心

每當好事發生時，

我們就會感到安心。

於是，我們會開始執著，

認為只有在好事發生時，我們才能感到安心。

但要知道，我們之所以感到安心，並不是因為有好事發生，

而是因為我們正面思考、口說好話，

才得以感到安心。

「安心」這個詞本身就說明了是「心」感到安寧，

與外在事物無關，

完完全全只與我們的內心有關。

想感到安心時，想感到幸福時，
就要正面思考、口說好話，當下就能感受到美好。

即使發生了不好的事，
只要保持思考正面、言語良善，
同樣也能感到安心喔，喵嗚……

「『安心』不必等待好事發生，
無論何時，
只要時時保持心存善念、口說好話、正面思考，
內心就能感到安穩。」

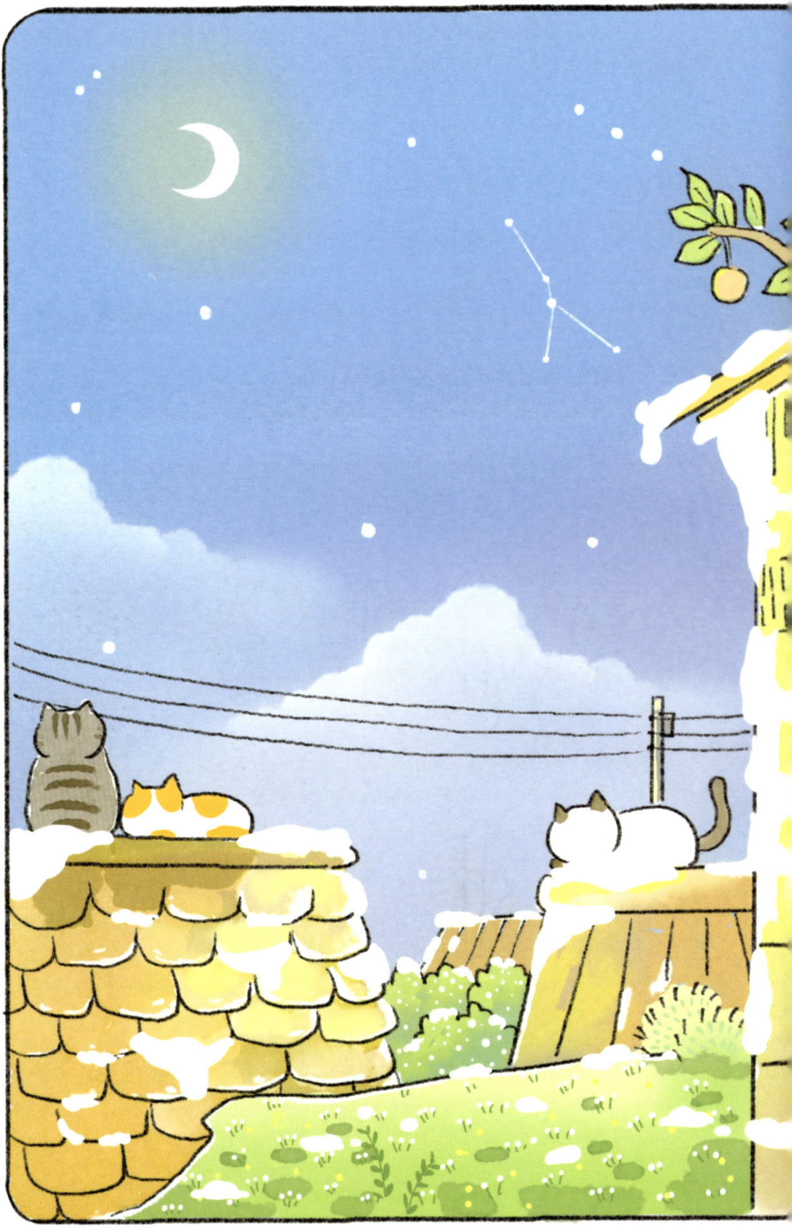

47

Chapter 2

試著認識自己

成為簡單的人

看看那邊!那是小帥弟弟的爸爸,徐叔叔。
他總是說自己是個簡單的人,不怎麼挑剔。

他吃雞肉的時候,
只吃雞腿肉,因為那裡比較嫩。
他喜歡吃河粉,
但如果熟度不夠精準,他就不吃了。

點餐的時候,他通常會選擇「簡單」的菜色。

「我要一份簡單的泰式打拋豬肉飯加荷包蛋,
但炒的時候不要加油,
豬肉要用沒有肥肉的部位,
還有那個荷包蛋,煎之前要先把多的油吸乾,
簡單做就好。」

許多人都像這樣,
覺得自己是個簡單、隨和的人。

我看著看著,心想:
嗯～真的是很簡單呢～
如果剛好能符合他那串複雜要求的話啦。

人類的難搞分成很多等級，
但最讓人害怕的，
是明明有一堆要求，
還認為自己要的很簡單。

很多貓咪看到這種人都會忍不住偷笑，
人類喜歡裝作簡單、很好搞定的樣子，
其實卻很容易煩惱，很難感到安心。
也不知道人類是從什麼時候開始忘記了，
「真正的簡單」這件事呢，
其實是無論發生什麼事都能感到幸福呀，喵～

「所謂的簡單隨和,
是無論發生什麼事都能感到幸福。
可不是一切都剛好符合自己的要求,
才在說『我這個人很簡單』喔!」

事情已經發生了

不知道有沒有人發現呢?
我們貓咪能夠幸福,還有另一個原因。

就算像我這樣的貓也會遇到不好的事,
就算很多貓時不時也會吵架,
但我們也不會陷入痛苦之中。
我們貓咪依然能笑得開、吃得飽,還能睡得香。

這是因為──
我們懂得接受已經發生的事。

無論即將發生什麼事,
我們貓咪都會接受它。
無論已經發生什麼事,
我們貓咪都能接受它。

無論結果是什麼,我們都能找到幸福的方法,
因為事情都已經發生了嘛。

這就是為什麼像我這樣的貓,
不論遇上什麼事,都能快樂地活著。
只要你願意接受,就沒什麼大不了的了。

所以呀，每當我看到人類悶悶不樂時，
我都會感到困惑。

事情已經發生了，
不接受又能怎麼樣呢？
一直感到不開心，然後呢？接下來該怎麼辦呢？

接受現實並不丟臉，
接受不好的事也不奇怪。

最讓人難堪、最奇怪的事，
就是不放過自己，不願接受已經發生的事，
一直陷在痛苦之中。

「想成為幸福的自己，

第一步就是──

學會接受那些已經發生的事。」

小草

這種雨後的涼爽天氣，
讓我想去山上散散步。

雨才剛停不久，
原本風雨很大，
雖然樹木看起來生機盎然，
但有些已經被風吹斷了。

我繼續往草原走,
儘管強風吹拂,
小草卻沒有被折斷,
經過雨水的滋潤,反而更顯美麗,綠意盎然。

小草也許柔弱纖細,
卻能承受狂風暴雨。
大樹雖然強壯,
卻往往在風雨中受損。

原來呀,
小草懂得順風搖曳,柔軟彎腰,
大樹卻太過強硬,試圖抵抗,
反而在硬撐之中倒下了。

小草就像在告訴我們:
有時候順應他人退一步、彎一下,其實也不錯。

一味堅持己見、事事逞強,
並非總是好事。

有些時候,柔軟一點也沒什麼不好。
我們不必時時刻刻堅強,
偶爾弱一下也沒關係。

真正的堅強,
有時反而需要一點柔軟。

「真正的堅強，是堅定地擁抱幸福，
而不是固執己見，最終讓內心充滿痛苦。」

雙手鼓掌

你曾經心情不好過嗎?
一定有的,無論是人還是動物,
每個人都有心情不好的時候。

我想起了那一天,
我在牆上散步,
卻被人潑了水,毛全都濕透了。

被潑濕的時候,雖然心裡會不太舒服,
但我並沒有生氣或是指責潑水的人。
我只是想著,
既然這樣,以後我就不要再經過那戶人家了。

因為,就算責怪他,我的毛也不會乾得比較快呀。
想來想去,只會讓心情更加焦慮,更影響自己的心理健康。

我們無法改變別人,
也不可能永遠只遇到好人,
但我們可以改變自己的想法。

當我們遇到不開心的事,
不妨仔細想想,是不是可以先自省一下呢?

發生在我們身上的每件事,
其實多半有一部分來自我們自己。

當我們拍手鼓掌時,
無論是哪隻手先動,
聲音都是兩隻手一起拍出來的。

遇到不好的事情時,
無論是誰先開始的,
結果通常也是雙方一起造成的。

貓咪拍手,聲音由兩隻腳腳拍出來。
人類拍手,難道只靠一隻手嗎?
人類為什麼常常不願意理解呢?
不必責怪自己一輩子,
但偶爾承認自己也有一點點責任,反而能讓心情更釋然呢。
最終,一切都會過去。
就讓它發生,再讓它過去吧。

「當我們遇到不開心的事情時,
如果想換個角度好好思考,就先試著內省看看吧。

**每一件發生在我們身上的事,
其實我們自己都參與了一部分。
所以,我們得先學會自省才行呢。」**

說出什麼,就會感覺什麼

今天天氣很炎熱,熱得讓人受不了,
還好有涼爽的風,偶爾讓人感到神清氣爽。

對我來說,
在這種大熱天,涼爽的風真的很重要。

這讓我想到了昨天，

我到市場走走。

天氣一樣非常熱，

有一位攤販阿姨坐在那裡一直抱怨。

她不斷抱怨著過去，

說這個不好、那個也不順心。

她坐著抱怨，一邊感到壓力，一邊感到燥熱，

為了那些自己想出來的問題而感到痛苦。

「以前我遇過很多不好的人，

那些日子裡，我也犯了很多錯。」

越說越煩躁,
越煩躁就越要說。
說真的,人類的一些行為,
實在讓我們貓咪難以理解呀。

為什麼總要說出像熱風一樣的話,讓自己煩悶呢?

說出口的話就像吹向自己的風一樣。

好的話語就像涼爽的風,
不好的話語就像炙熱的風。

你想讓什麼樣的風吹向自己,
就說出什麼樣的話吧。

想要感到安心,就說好話;
想要感到煩心,就說壞話;
或是想要感覺平靜,不說話也可以。

不要一直抱怨心情不好,
說真的,你的心情會這麼不好,
也是從開口抱怨的那一刻開始的呀。

貓咪的心情總是很好,是因為我們從來不抱怨。
如果有哪隻貓咪一直抱怨,
可能也會像人類一樣不開心吧。

「不要一直抱怨心情不好,
　心情之所以會不好,
　也是從抱怨開始的呀。

**我們說出了什麼話,
心裡就會感覺到什麼。」**

量尺

我到學校玩耍的時候,
喜歡躺在陽台上,
看老師們教導學生,
這也讓我學到了一些事。

今天,學生們正在學習如何使用量尺,
老師教他們認識尺的測量單位,
以便測量各種東西的長度。

尺這種東西真的不錯，

不管是誰拿來測量，

用同樣的尺，測量結果就會一樣。

但在現實生活中，

每個人使用的測量標準都不盡相同。

我們有著不同的標準，從不同的角度看事情，

得到的結果也就會有所不同。

人與人之間往往難以相互理解，

我們貓咪也很難理解人類。

想要理解別人其實不難，
只需要回頭看看自己用的是哪把尺。
如果大家使用一樣的單位、一樣的角度、一樣的標準，
我們就更容易理解彼此。

如果貓咪想理解人類，
就要從人類的角度來看。
如果人想要理解他人，
同樣也要從對方的角度來看。

奇怪的是，人們總是無法理解別人，
卻從未嘗試用同樣的角度看看。

「每個故事都有很多種角度,
想成為真正幸福的自己,
就不能只執著於自己的視角。」

思維和草原

今天我全身髒兮兮的，
因為我在追鴿子的時候，
不小心跳進了草叢裡。

遠看草原時，
可以看到多種樹木交錯生長。
放眼望去，
讓人心曠神怡，安心舒暢。

但當我跳進去近距離觀察時，
無論是花朵、草葉還是藤蔓，
都生長得雜亂無章，幾乎難以分辨，
讓我感到心煩意亂。

我們的生活就像草原一樣。

草原匯聚了數不盡的故事,
錯綜複雜、交纏不清,永無止境。

有些事是好事,有些事一想到就心煩,
有些事一想到就會忍不住微笑。

每個人的人生其實都有混亂的一面。

有些人能夠正面樂觀,並不代表他們只遇到好事,
而是因為他們懂得去看人生的全貌。

想要好好看待生活,就要像看待草原一樣,
也要學會去看全貌。

「每個人都有煩心事,
大家都是一樣的。
那些看起來心情很好的人,
並不是只遇到好事,
而是懂得從整體的角度看待生活。」

追逐自己的影子

喵～喵～
快看看那隻貓！
他是暖暖姐的貓咪小土，
他正在追著自己的影子跑。

他追影子追了好久，還是抓不到也追不上。
但他還是沒有發現——那其實是他自己的影子。
我看了覺得，
影子就像我們飄忽不定的思緒一樣。
越是追逐，思緒就越飄越遠，
怎麼樣也停不下來。

如果想讓影子停下來，我們就必須先停止追逐。
就這樣停下來，不必做任何事情，靜靜地待一會，
影子就會停下來了。

當我們因思緒感到疲憊時，
就試著停下來休息，什麼都不必做。

有些時候，不要太在意自己的想法，
其實也不錯喔。

**「思緒就像影子一樣，
無論如何追逐，也永遠追不上。**

**只要試著停止關注自己一下，
那些紛亂的思緒就會慢慢消散了。」**

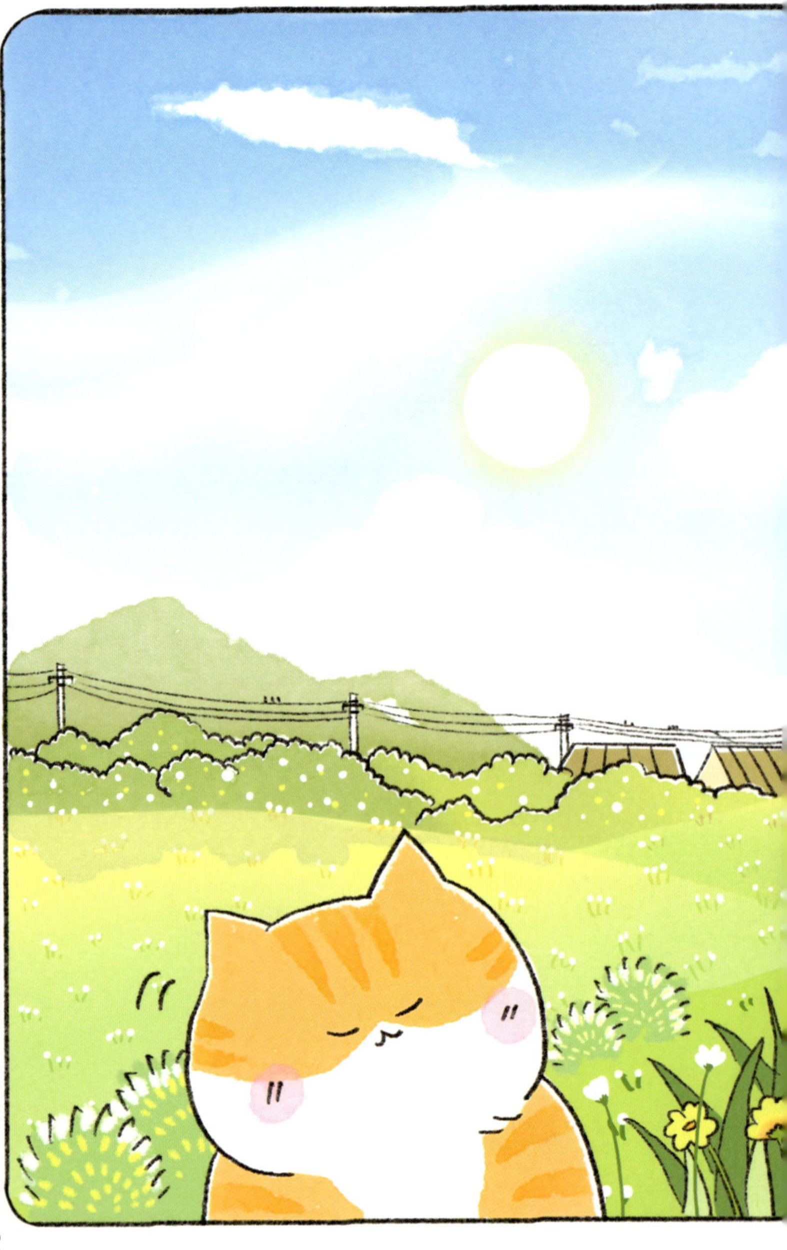

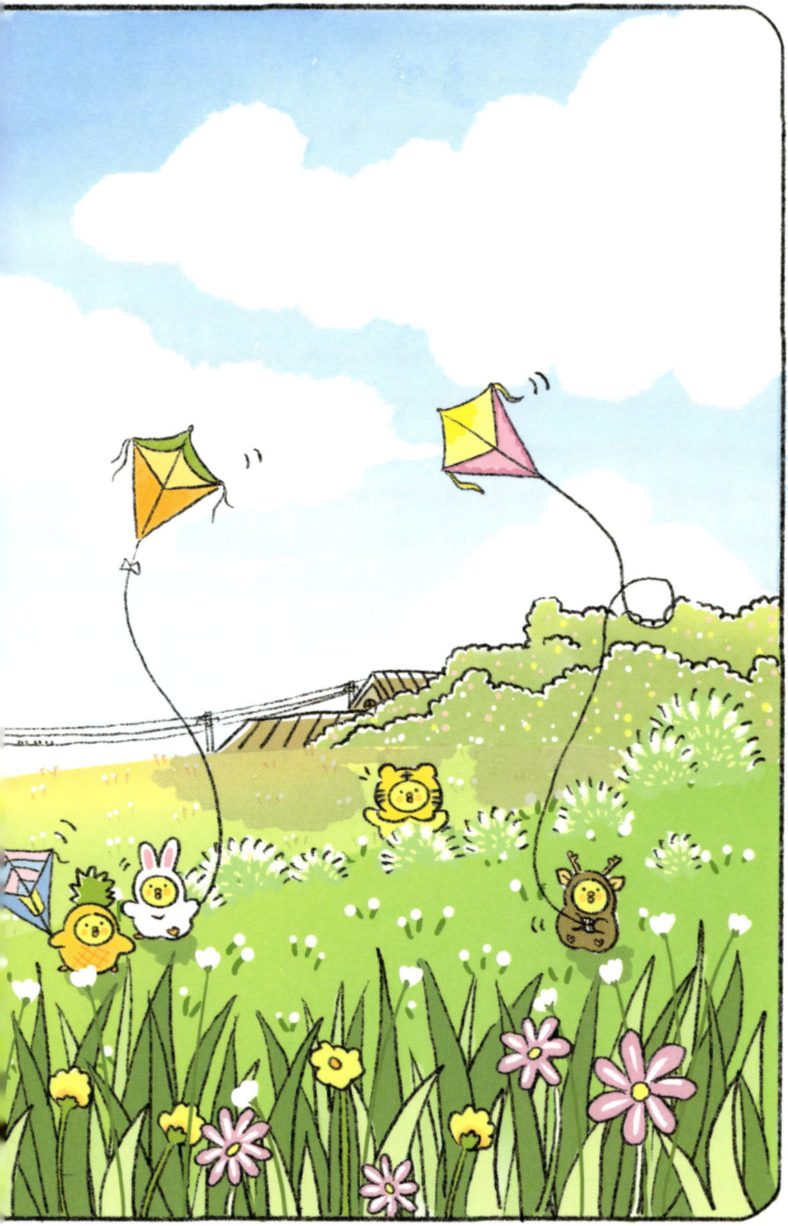

Chapter 3

了解自己

臉上的皺紋

我常常看到現代人類拚命地對抗老化。
每次看到這種事情，我就忍不住笑出來呀喵～

他們不允許臉部皮膚出現半點鬆弛。
如果長出皺紋，更是絕對無法忍受，
必須馬上注射肉毒桿菌，
好讓臉蛋永遠保持緊緻。

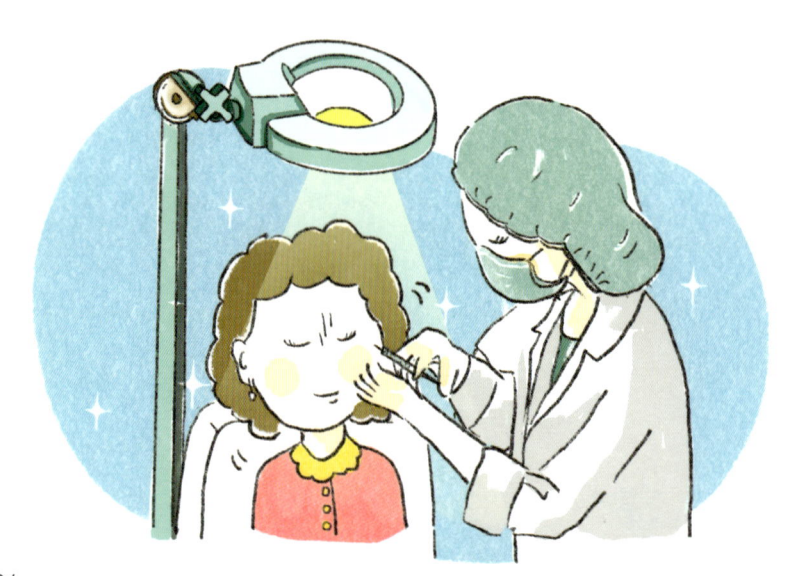

我不知道這一切是從什麼時候開始的，
我不知道人類從何時開始變成這樣，
他們不願接受自然老化的皺紋，
而且覺得這很正常。

隨著年齡增長，皺紋本來就會漸漸變多。
自然界的所有生物，甚至是樹木和水果，
都會隨著時間出現自然的痕跡。
我們貓咪都知道，皺紋是一種提醒，
讓我們學會接受自然的真相——
生、老、病、死都是生命的常態。

沒有人能永遠活著,
沒有人能永不離去,
就連我們自己,也終將離開。

皺紋是衰老的痕跡,也是時間的呼喊──

「那一天很快就會來了,試著讓自己快樂一些吧!
那一天很快就會到了,別老是悶悶不樂了!」

人類總是試圖讓皺紋消失,
我其實也能理解啦,因為他們希望自己永遠保持美麗。

但在貓咪的眼中,
符合年齡、由內散發的美麗,更是真正的美麗呀,
而且還是充滿智慧的美呢。

你可以讓皺紋消失,
但可別讓智慧也跟著消失囉!喵~

「皺紋是時間的吶喊：
再過不久，我們就不在了。
所以，讓我們活得簡單一點、快樂一些吧！

如果你想讓皺紋消失，
請你也要小心，別讓智慧也跟著消失了喔。」

欣賞自己擁有的

你會不會覺得奇怪呢?
大部分的人,都不去欣賞自己擁有的東西。

如果你不相信的話,就打開衣櫃看看吧。
人類的衣櫃裡都擺滿了衣服,
卻總是抱怨沒有衣服能穿。

衣櫃裡通常放著不常穿的衣服,
又時常購買想穿的新衣服,
掛在櫃子外的衣架上,等著被穿上。

這就像一面映照自己想法的鏡子。

如果總是不欣賞自己擁有的東西,
最後我們也會開始不滿意自己的樣子,
於是,就會想要改變自己。

但是,如果這些改變是出自「不滿意」,
我們就會不斷地改變,
最後又回到原點,怎麼改都對自己不滿意。

因為我們總是不懂得欣賞自己擁有的東西,
久而久之就養成了習慣。

身為貓咪，
我們喜歡整天舔舔毛，
因為我們想保持乾淨。

我們經常低頭觀察自己，
這讓我們學會欣賞自己，對自己感到滿意。

而人類卻只顧著向外看，就開始不太欣賞自己了。

但你們知道嗎？就算你不欣賞自己，
那些讓別人欣賞你的優點，也不會因此消失喔。

每個人總會有值得欣賞的地方。
不信的話，你可以去問問身邊的人。

如果你能好好吃飯、安穩入睡，
對那些做不到的人來說，已經很值得欣賞了。
如果你還是認為自己沒有值得欣賞的地方，
那我這隻貓咪實在搞不懂呢，喵⋯⋯

「感到幸福的基礎，
　就是欣賞自己擁有的事物。

如果你想不到自己有什麼優點，
　就去問問看別人吧。」

水缸

如果我去散步時感到口渴,
我喜歡去路邊人家門前的陶缸裡喝水。

陶缸裡的水涼爽而清澈,
灰塵總是會沉澱在底部。

我最喜歡喝大水缸的水，
比小水缸的水更好喝。

水的味道，取決於水缸的大小。

如果你不明白的話，試著想像把鹽加進水裡。
假設我們在兩個水缸中加入一樣多的鹽，
大水缸的水不會太鹹，
小水缸的水則會很鹹。

就是這樣呀,
水缸和鹽,就像我們自己和問題一樣。

當問題出現時,我們心裡感到不舒服,
我們應該責怪問題,還是內省一下呢?
如果鹽掉進水缸裡,水變鹹了,
我們應該責怪鹽太鹹,還是水缸太小呢?

事實上,發生在我們身上的問題,
同樣會發生在其他人身上。
那為什麼有些人不覺得那是問題呢?
為什麼有些水缸加了鹽,水卻不會太鹹呢?

貓的體型雖然小,但我們卻能像大水缸一樣。
人類的體型那麼大,為什麼卻活得像小水缸一樣呢?
當問題發生時,先試著自省一下吧。

「如果鹽掉進水缸裡，水缸裡的水變鹹，
我們應該責怪鹽太鹹，
還是水缸太小呢？

**當我們心裡不舒服時，
我們應該檢討問題太大，
還是我們的心太小呢？」**

不正常成了正常

涼爽的微風伴隨著清晨的陽光,
這樣的天氣,最適合到花園裡玩耍了。

這個時候的花園裡會滿是蝴蝶,
所以很多貓咪都喜歡來花園玩。

那是小蘇的貓咪濕濕，
他很喜歡舔毛，常常舔到受傷，
所以小蘇總是讓他戴著防舔項圈。

我曾經問濕濕會不會討厭戴項圈，
他說不會，他已經戴習慣了，
他們家裡的其他貓咪也都戴著項圈。

嗯⋯⋯那些原本不正常的事情，
做著做著也都成了常態。
不正常變成了正常。

人類的很多事情也是這樣,
從過去到現在,
許多不正常的事情,都變成了常態。

為了錢而放棄幸福,
然而,想要錢應該是為了幸福。

為了找出誰對誰錯而爭吵,
然而,最正確的應該是不要爭吵。

惡言相向卻說是關心對方,
然而,如果真的關心,就不該口出惡言。

有些事情很多人都在做,
並不代表那就是正常的。

是正常還是不正常,
如果你不欺騙自己,應該會知道的吧,喵⋯⋯

「如果做某件事讓你感到不快樂,
即使大多數人都這麼做,
也不代表它是正常的。

**別讓不正常成了正常,
真正的正常,是我們心中仍能感到幸福。」**

鏡中倒影

每個人一定都照過鏡子，
當我們照鏡子時，
會看見自己的倒影。

我們會看到自己長什麼模樣，
自己是否正在微笑，
自己的眼神和臉色是和善還是生氣？
或是其他情緒呢？

我們會在鏡中倒影看到所有的細節。

鏡子只能反映我們的外貌和特徵,
讓我們認識外在的自己。

很多人因此以為我們不了解自己,
因為鏡子無法反映出內在的自我。

其實,並不是這樣的。
這個世界上有一種特殊的鏡子,
能夠反映出我們的內在。

這些特殊的鏡子數量很多,
甚至比普通的鏡子還要多。

我們隨時都能看到這些特殊的鏡子,
只是我們沒有去照這些鏡子,沒有好好觀察自己。

這些特殊的鏡子,
就是「別人的表現」。

別人的表現，
總是反映出我們自己。

如果我們經常對別人微笑，
別人也會很容易對我們微笑。

如果我們很容易動怒、動不動就大聲嚷嚷，
別人除非有必要，否則就會不願接近我們。

如果我們對別人心存善意，
別人也會對我們懷抱善意。

別人對待我們的方式，
就是我們自我的映像。

理解自己並不困難，
因為我們擁有名為「他人」的特殊鏡子，
他們時時刻刻反映出我們的本質。

那麼，你認為自己是怎樣的人呢？
試著觀察別人和貓咪是怎麼對待你的吧，
那就是你真正的模樣。

「別人的表現,
就是我們自我的映像。

**我們怎麼對待別人,
別人就會怎麼對待我們。」**

窗戶的玻璃

今天從早上就一直在下雨,
我不想被淋濕,所以偷偷溜進一棟房子躲雨。

我偷偷躺在窗邊的桌子上,
聽見那一家人在窗戶旁聊天。

「這是誰的貓呀?
竟然偷偷跑到我們家睡覺,還全身髒兮兮的。」

我馬上低頭看看自己，

我的身體哪裡髒了呢？

我每天都把毛舔得乾乾淨淨，

為什麼他們會這樣說我這隻乾淨的貓呢？

於是我轉頭望去，

看見有人站在窗邊說話。

這棟房子的窗戶是透明的玻璃，

可以從裡面看見外面。

哇喔!這扇窗戶好髒啊,
玻璃上面全都是汙漬。

要我能擦一下這片玻璃,真想幫他們擦一擦呢!
明明是他們家窗戶很髒,
他們卻覺得是我很髒。

這真是讓貓想笑,
人類總是什麼都能責怪,
卻很少責怪自己呢。

在責怪別人之前,
是不是應該先看看自己呢?
因為一切都是從我們自己開始的呀。

在說別人很髒之前,應該先好好看清楚,
你看到的髒,是別人很髒,還是自己的心髒了呢?
各位人類大哥大姐呀。

「如果我們的心是平靜的,這個世界就會是平靜的。

如果我們的心是煩躁的,

一切都會變得令人煩躁。

一切都從我們自己開始,

在責怪他人之前,應該先看看自己。」

涼爽

在夏季時，

雖然天空晴朗美麗，

但太陽依然很熾熱，

熱到我們貓咪也難以忍受。

現在已經進入雨季了，

雖然有時候可能會淋濕，

但也沒有關係，

因為涼爽的天氣很舒服。

有些人只要覺得有點熱，就會開電風扇、開冷氣，

每次喝水都要加冰塊，

大家都非常喜歡涼爽。

但是，很奇怪喔，

人們喜歡涼爽，

卻總是讓自己的心燥熱，

總是對周遭的事感到不滿。

發生不順心的事就感到煩躁，

遇到不滿意的事就感到生氣，

喜歡把思緒當作燃料，把自己燒得心浮氣躁。

我們都知道燥熱很不舒服，
我們都知道涼爽很舒服，有很多好處。

那為什麼人類總是明知故犯，
想些讓自己心情煩躁的事呢？

當心情煩躁到極點，就會生氣。
一旦生氣，說什麼、做什麼都會失去理智。

想得到內心的涼爽，也就是心情的舒適，
不必等到打開電風扇，
也不必等待別人來取悅自己。

我們隨時都能讓心情涼爽舒適，
只需要隨遇而安，什麼都不必做，什麼都不必想。
這就是為什麼貓咪比人類平靜、自在得多。

「想讓心情平靜舒適，
不必等別人來取悅你。

**我們隨時都能心平氣和，
只要偶爾什麼都不想，就足夠了。」**

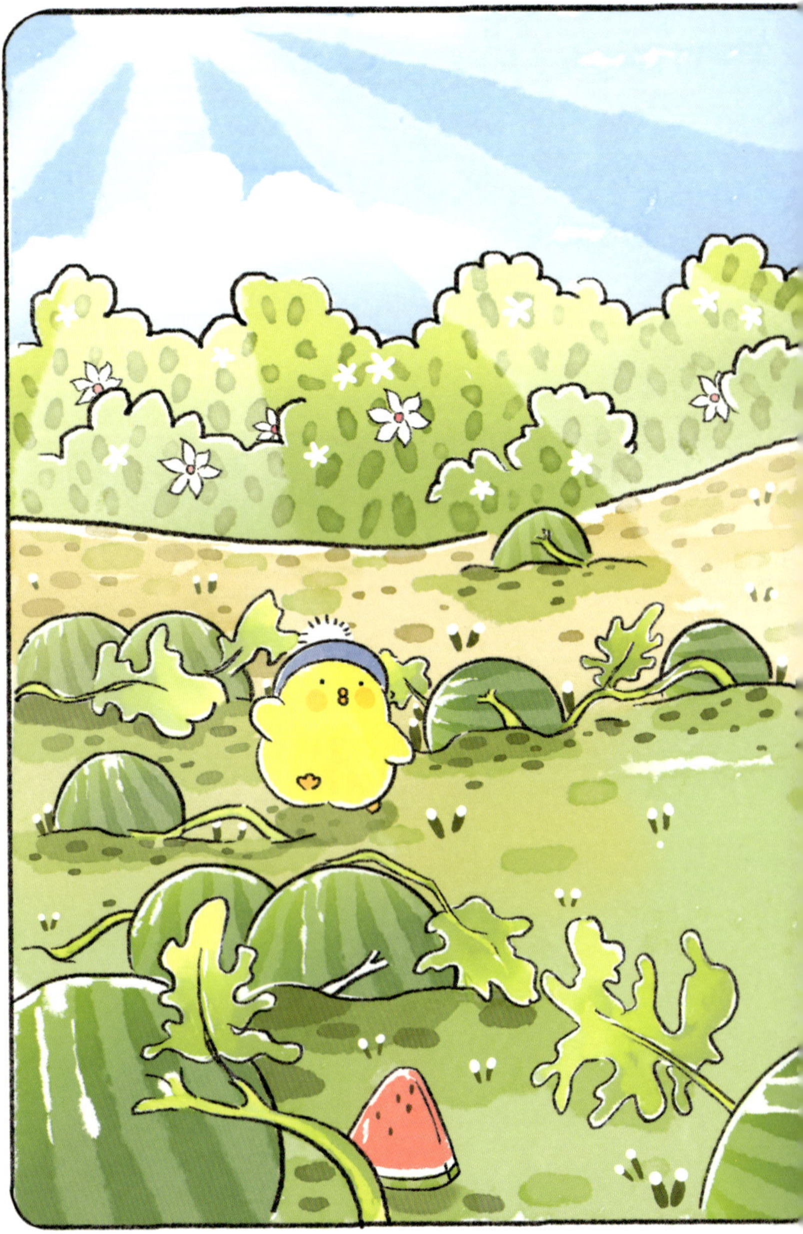

117

Chapter 4
看見自己

太陽教我的事

今天早上,我比平常還要早起,
於是就到外面坐著看日出。

太陽金色的光芒灑落在大地的每一個角落,
黑暗漸漸消逝,
天色變得明亮清新,
新的一天又開始了。

經過一整天的玩耍奔跑和睡覺後，
新的一天也即將結束了。

太陽緩緩隱沒在天邊，
光芒逐漸微弱，天色開始黯淡。
從明亮褪為黑暗，
所有生命都要回家睡覺了。

每天都是這樣，太陽升起又落下。
太陽落下後不久，黑夜過去，太陽又再度升起。

太陽每天都在教導我，
讓我了解生命的常態——
沒有什麼是永恆的。

當黑暗降臨，不久後就會迎來光明；
當光明出現，不久後就會回歸黑暗。
這樣的循環永不停止。

當我們遇到好事時，不久後壞事也會降臨。
當我們遇到壞事時，不久後它們都會過去。

無論是一隻貓還是一個人，
真理早已存在於這個世界上，
就看我們自己能不能看見，能不能學會。
最終，一切都會繼續改變。

「身處黑暗時,不久後就會重見光明;
身處光明時,不久後就會回歸黑暗。

遇到不好的事情時,別想太多。
遇到好的事情時,別過度執著。
因為,最終一切都會繼續改變。」

工作的問題

「喂!你為什麼不把工作做好一點?
都是你害我壓力很大,一大早就讓人這麼煩!」

我經過一個工地時,聽到了一個叔叔這樣説。

這位正在抱怨的叔叔叫阿德叔叔,
他是阿佑叔叔的朋友,也是娜娜阿姨的男朋友。

阿德叔叔是工地主任,
他管理工人很多年了,但每一次他都還是會抱怨。

越抱怨,壓力就越大。
壓力越大,就越想抱怨。
我可以告訴你,這樣工作,
雖然賺到了錢,情緒卻糟透了。

唉……阿德叔叔真是奇怪呢。
其實他應該感謝那些有問題的下屬,
卻總是對他們發脾氣。

工作本來就一定會充滿問題。
因為工作一定有問題，
所以公司聘請主管，
讓他處理發生的問題。

如果工作沒有問題，
下屬在工作上從不犯錯，
公司還需要僱用阿德叔叔嗎？
他們為什麼還要花錢請他呢？

下屬的問題越多，
主管的地位就更重要，
公司就無法開除阿德叔叔。
阿德叔叔就會繼續有工作能做、有錢能花。

不要一直自尋煩惱，
仔細想想，這些問題也沒什麼好煩惱的。

「工作本來就會出錯。

工作本身並沒有問題，
或許我們自己的想法才是問題所在呢。」

時間和感受

說到時間這個東西呀……
為什麼人類總是對時間有意見呢?

那天,小瑪在說她來不及交作業,
她抱怨:「時間太少了啦!」

今天,小瑪在說早上通勤時塞車了,
她抱怨:「時間太久了啦!」

總而言之,都是時間不好。
時間不是太少,就是太多。

在貓咪的世界裡,
時間就只是時間。

是慢還是快,是多還是少,
並不是取決於時間本身,
而是取決於我們對時間的感受。

如果我們想要更多時間,
就會感覺時間太少。

如果我們想要更少時間,
就會感覺時間太多。

就是這麼回事,
一切都是源自我們自己的感受。

我們怎麼感受,就會怎麼看待事物。

人類常常皺著眉頭,
貓咪則經常面帶微笑,
就是因為我們懂這個道理,人類卻還不明白呀。

「太少還是太多,
不取決於外在事物,
而取決於內心的想法。

**事情是什麼樣子,
都取決於我們自己的感受。」**

那些特別的普通小事

貓咪的日常活動並不多，
無論是哪隻貓，
都喜歡每天做同樣的事情。

散步、舔毛、打滾玩耍，
然後不小心睡著。

貓咪一整天可以這樣重複好幾次。

人類也許會認為，
貓的行為不重要或沒什麼價值。

但你知道嗎？
那些經常重複的普通小事，
才是最特別、最重要的。

人類也是一樣呀，
那些經常重複、習以為常的普通小事，
就是最特別的事情。

我們認為的普通小事——
普通地在週末躺著看電影，
普通地與父母一起吃飯。

我們可能認為這些都是普通的小事，
但如果有一天，
我們再也不能做這些普通的事情了，
反而會感覺到失去了最重要、最特別的東西。

所以，讓我們開始重視這些普通小事吧！喵喵……

「那些經常重複、習以為常的小事，
　人們往往不會察覺它的價值。

但當我們不能再做這些普通小事時，
**　我們就會明白，**
這些普通的小事，其實才是最特別的。」

傳染病

今天早上醒來,我感覺有點鼻塞,
好像要流鼻水了。

我懷疑是因為昨天我去探望了貓咪小傑,
小傑已經感冒發燒好幾天了。

感冒這種病,無論是發生在人類還是動物身上,
都很容易傳染呢。

說到傳染病，
我就想到了痛苦和幸福，
因為它們都一樣很容易傳染。

像是開心的笑容，
還有幸福人們散發的明亮氛圍。

當我們和幸福的人在一起時，
就會感受到那份幸福，
就好像也傳染給我們了。

還有滴落的眼淚和哭泣聲、
燃燒的怒火,
以及痛苦人們的沉重氛圍。

只要我們靠近,
就會感受到那份痛苦,
就好像已經傳染給我們了。

痛苦和幸福的感受就像傳染病一樣,
很容易傳染,而且一旦變成慢性病,就很難痊癒了。

幸福不只是一種傳染病，
也是一種可以治療痛苦的「病」呢。

每當感到痛苦時，
只要試著沉浸在幸福之中，
他人的幸福、美麗風景帶來的幸福、有趣電影帶來的幸福，
我們就會漸漸走出痛苦，慢慢變得幸福。

如果總是聽悲傷的音樂,
總是沉浸在憂鬱之中,
什麼時候才能感受到幸福呢?

就連我們貓咪也懂得選擇涼爽的地方睡覺,
選擇待在讓自己心情愉悅的地方。

那你們人類呢?怎麼不懂得為自己做選擇呢?
要感到痛苦還是幸福,
我們都可以自己選擇呀。

「痛苦和幸福,

就像傳染病一樣。

想要感受哪一種情緒,
就讓自己靠近那種情緒吧。」

簡單的夢想

你覺得,像我這樣的貓咪,
會有夢想嗎?

人類喜歡做夢,想要成為某個人,
或是想要擁有某個人所擁有的事物。

夢想不做自己、
夢想擁有他人擁有的東西、
夢想成為他人,
這樣的夢想,真的能算是夢想嗎?

對我來說，
夢想匯集了所有對自己的希望。

今天我希望自己能夠快樂，
所以我就會讓自己快樂起來，
就是這麼簡單。

貓咪和人類有很多不同的地方，
但有一件事是一樣的——
我們都希望自己能夠幸福。

幸福，就是夢想這一題最簡單、最直接的答案。

如果成為社會期望的樣子，
追逐社會設定的夢想，
我們可能不會如想像中那般幸福。

如果是依照社會價值觀設定的夢想，
那就必須當醫生、律師或工程師，
那些社會說我們應該成為的樣子。

但是，如果不是做自己，
你可能不會幸福。

有些醫生罹患了憂鬱症，
有些律師因為承受太多沉重故事而備感壓力，
還有很多工程師選擇辭職換工作。

如果在這些角色中找不到快樂，
那無論你成為什麼人，都不能算實現了夢想。

夢想和希望，
其實一直都很簡單，也很直接。
是不是我們自己讓它變複雜了呢？

「一個好的夢想，
應該讓你成為幸福的自己。」

理解他人

在這樣匆忙的早晨,
當我經過這條路時,
總是會看到長長的車龍。

幾乎每個經過這條路的駕駛都在抱怨:
「為什麼紅燈這麼久?
紅綠燈壞了嗎?怎麼還沒綠燈啊!」

當我走到路的另一邊時,
看見兩個小販站在那裡,
他們會在塞車等紅燈的時候,
賣食物和點心給車上的人。

他們也在抱怨:
「綠燈又來了,真的太快了!
真希望紅燈能再久一點,這樣我們才有更多時間賣東西。」

我一看就立刻懂了,
這個世界,總是有各種不同的角度能看。

例如，當塞車等紅燈很久的時候，
如果只看到自己的損失，
我們就會感到煩躁和痛苦。
但如果我們從別人的角度來看好的一面，
我們就會比較輕鬆，不會那麼煩躁了。

因為同理他人，我們會感到比較安心，
因為不只想到自己，我們會感到舒暢。

有些時候，試著理解他人，
從他人的角度來看世界，
會讓我們感到更自在、更快樂。

「想成為幸福的自己,
就要懂得用正面的角度看待世界,
並且多為他人著想。」

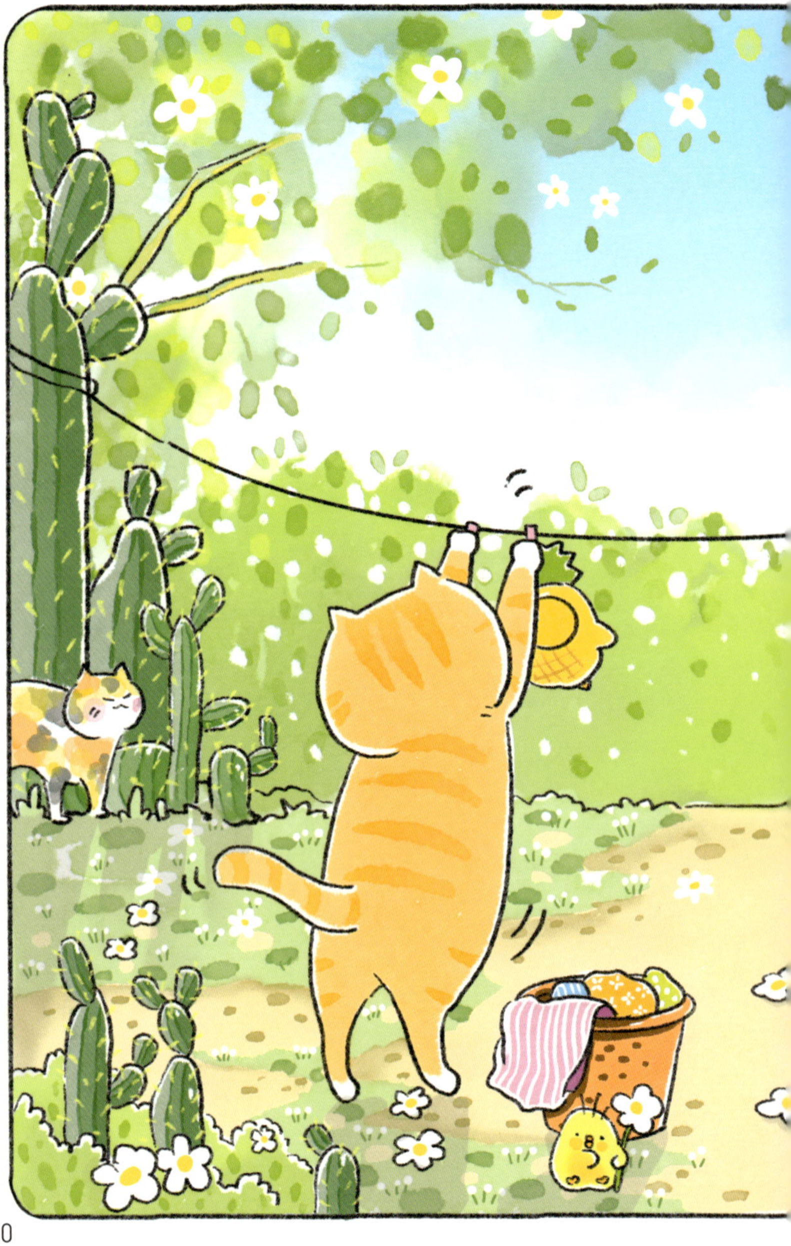

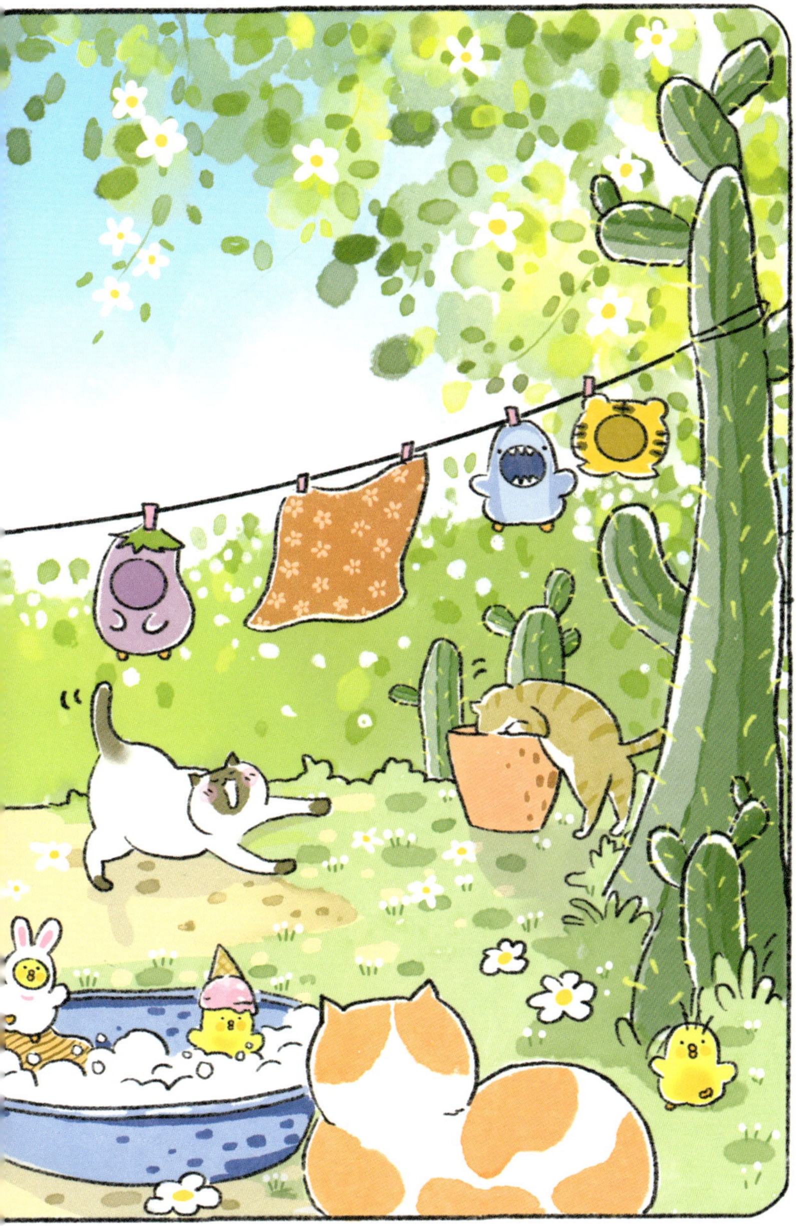

做自己,
沒有明確的模式。

做自己,
沒有絕對的標準。

但做幸福的自己,
就是對原本的自己感到滿意,
對自己所擁有的感到滿足。

接納自己真實的樣子,
同時也別太過執著於這個樣貌。

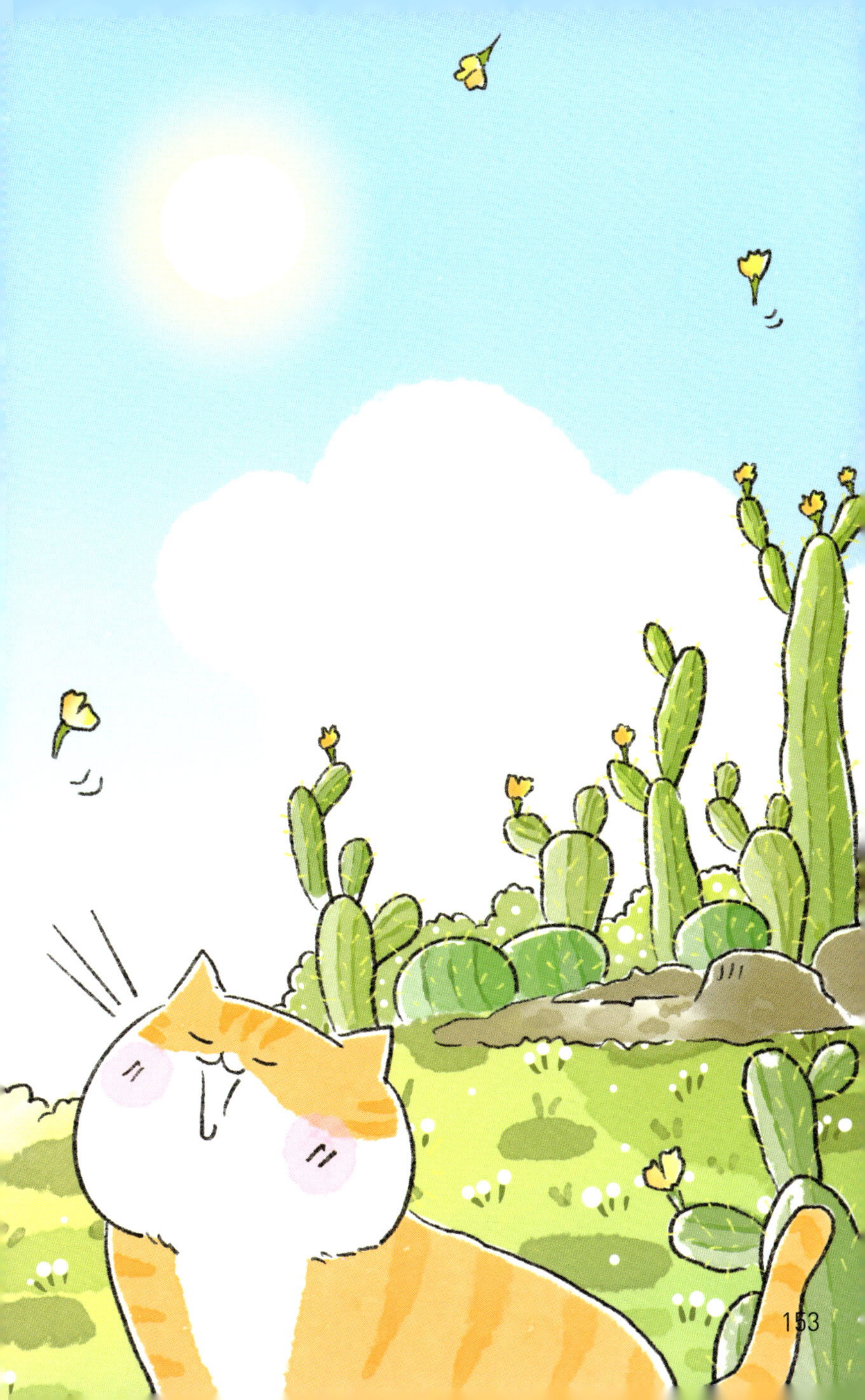

感到幸福的村民和感到痛苦的富翁，
他們都在做自己，
但他們做自己的方式卻截然不同。

有些人做自己，滿足於自己擁有的；
有些人做自己，卻只想著自己缺乏的，
他們的慾望不斷增加，永無止境。

如果你帶著匱乏的心在做自己，
這樣的「做自己」也不會讓你快樂。

每個生命都有獨特的樣貌，
有不同的地位、不同的成長背景，
就像每個人都拿著不同大小的杯子。

幸福就像杯子裡的水，
如果水滿了，就會很幸福；
如果水不到半杯，幸福就會少一點。

想做幸福的自己，
不必拿起一個大杯子，
也不必讓自己的杯子變大。

因為，幸福的關鍵在於杯子裡的水量，
也就是取決於我們所擁有的。

當我們降低一些人生的條件，讓杯子小一點，
即使杯子裡的水一樣多，仍然可以把杯子裝滿。

你可能看到別人喜歡做某件事,看起來做了很開心,
你可能看到大家都跟隨社會的潮流,於是也跟著模仿。

但這並不代表你的杯子也能裝滿,
不代表你跟著做了就能一樣幸福。

每個杯子裡的水量都不同,
如果你模仿別人、拿起和別人一樣尺寸的杯子,
這又有什麼用呢?

如果我們不清楚自己的杯子有多大,
就永遠無法把杯子裝滿。

如果我們不先了解自己,
就永遠無法真正感到幸福,
也無法做那個最好的自己。

看看家裡那隻知足的貓咪，
然後再問問你那經常感到匱乏的心吧。

我們真正想要的是什麼呢？
生命中的「剛剛好」又在哪裡呢？

**「想成為幸福的自己，
就要成為剛剛好的自己。」**

別讓自己太過複雜，別讓自己太難滿足。
學著簡單一點，然後就去享受幸福吧！
喵喵喵～

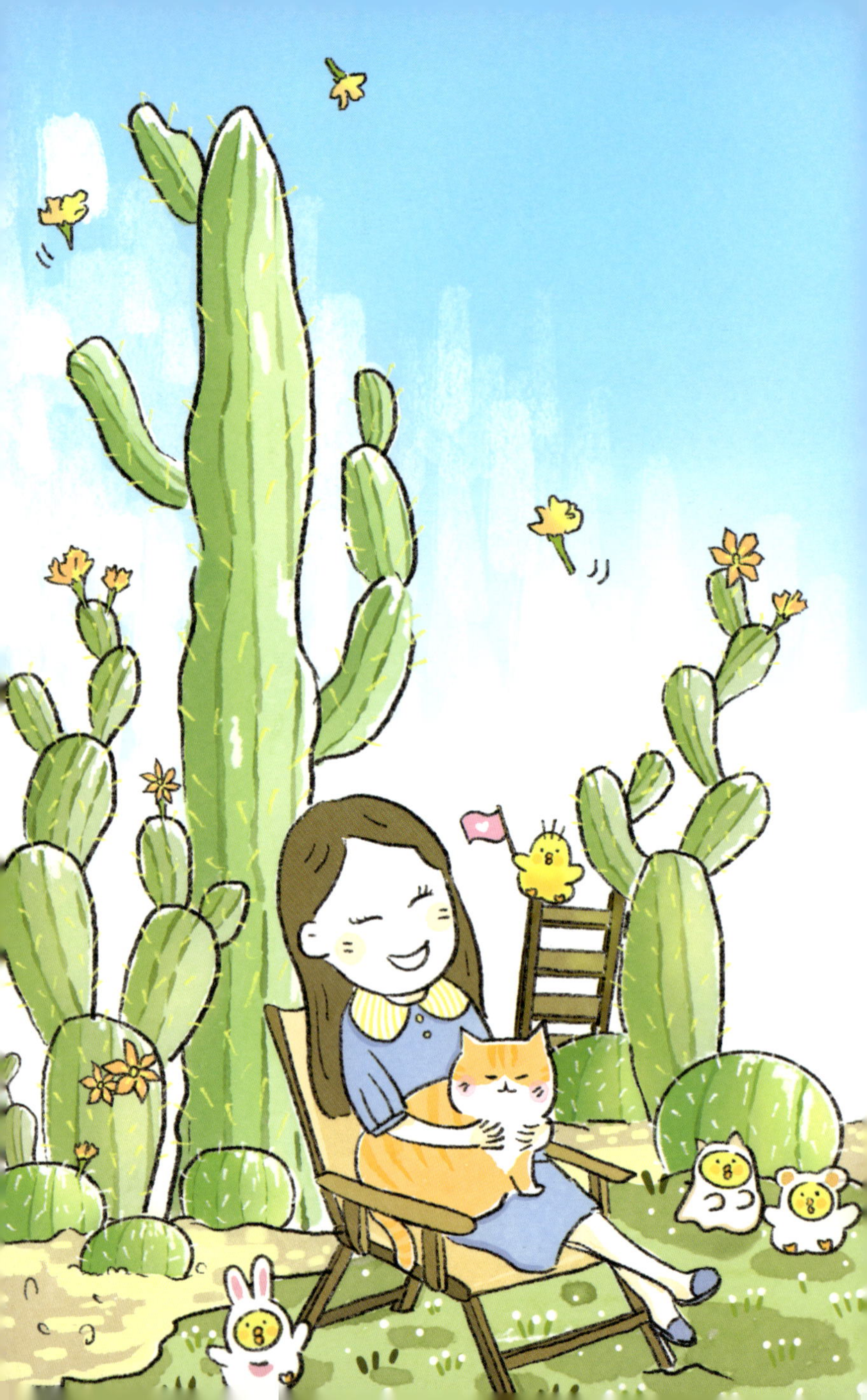

插畫家致謝

時間過得很快,我的第三本書也圓滿地完成了。
感謝前輩們在我思緒卡關時,總是給予我指導及建議。
感謝周圍的大自然,幫助我激發想像力。
感謝過去的經歷,讓我得以反思並改進。

最後,我要感謝每一位閱讀這本書的人。
你們的回饋給了我很大的鼓勵,激勵我更努力作畫。
我希望這本書能夠幫上忙,好好照顧大家的心靈。
非常感謝大家。

帕納查功・尤薩拜

(พนัชกร อยู่สะบาย Panatchakon Yusabai)

NW 307
轉世為貓咪後,生活剛剛好就美好 3
不迎合世界,不否定自己,原來的我,就是最好的我

作　　者	柴雅帕・通甘班宗（ชัยพัฒน์ ทองคำบรรจง Chaiyapat Tongkambunjong）
繪　　者	帕納查功・尤薩拜（พนัชกร อยู่สะบาย Panatchakon Yusabai）
譯　　者	Pailin Peilin
責任編輯	陳柔含
封面設計	林政嘉
內頁排版	賴姵均
企　　劃	陳玟璇

發 行 人	朱凱蕾
出　　版	英屬維京群島商高寶國際有限公司台灣分公司 Global Group Holdings, Ltd.
地　　址	台北市內湖區洲子街 88 號 3 樓
網　　址	gobooks.com.tw
電　　話	(02) 27992788
電　　郵	readers@gobooks.com.tw（讀者服務部）
傳　　真	出版部 (02) 27990909　行銷部 (02) 27993088
郵政劃撥	19394552
戶　　名	英屬維京群島商高寶國際有限公司台灣分公司
發　　行	英屬維京群島商高寶國際有限公司台灣分公司
法律顧問	永然聯合法律事務所
初版日期	2025 年 07 月

原書名：เป็นตัวเองที่มีความสุข มันยากขนาดนั้นเลยเหรอ?
Copyright © Athingbook
Original Thai edition © AS MEDIA CO.,LTD.
Complex Chinese edition © 2025

The Complex Chinese translation rights arranged through Rightol Media
（Email:copyright@rightol.com）

國家圖書館出版品預行編目 (CIP) 資料

轉世為貓咪後,生活剛剛好就美好. 3, 不迎合世界,不否定自己,原來的我,就是最好的我 / 柴雅帕.通甘班宗著；帕納查功.尤薩拜繪；Pailin Peilin 譯. -- 初版. -- 臺北市：英屬維京群島商高寶國際有限公司臺灣分公司, 2025.07
　面；　公分. --

譯自：เป็นตัวเองที่มีความสุข มันยากขนาดนั้นเลยเหรอ?

ISBN 978-626-402-293-4(平裝)

1.CST：人生哲學　2.CST：生活指導

191.9　　　　　　　　　　　　　　　114007877

凡本著作任何圖片、文字及其他內容,
未經本公司同意授權者,
均不得擅自重製、仿製或以其他方法加以侵害,
如一經查獲,必定追究到底,絕不寬貸。
版權所有　翻印必究